Adaptation : Sophie Koechlin
Maquette : Céline Trouvé

Édité par Hachette Livre : 58, rue Jean Bleuzen – 92178 Vanves Cedex
Imprimé par Estella Graficas en Espagne – Achevé d'imprimer : septembre 2020
ISBN : 978-2-01-711680-6 – Édition 01 – Dépôt légal : septembre 2020
Loi n° 49-956 du 16 juillet 1949 sur les publications destinées à la jeunesse.

Pour tout renseignement concernant nos parutions, nous contacter par e-mail : disney@hachette-livre.fr

Pour l'éditeur, le principe est d'utiliser des papiers composés de fibres naturelles, renouvelables, recyclables et fabriquées à partir de bois issus de forêts qui adoptent un système d'aménagement durable. En outre, l'éditeur attend de ses fournisseurs de papier qu'ils s'inscrivent dans une démarche de certification environnementale reconnue.

Disney

LE ROI LION

hachette
JEUNESSE

Mais qui est le joli lionceau que le vieux Rafiki, ce sage qui veille sur la destinée des rois de la savane, présente tout en haut du Rocher du Lion ? **C'est Simba, le nouveau-né du roi Mufasa et de la reine Sarabi.** Et, pendant qu'il gigote entre les mains du singe, une clameur immense retentit.

Tous les animaux sont venus rendre hommage
au petit prince qui régnera un jour, comme son père,
sur la vaste Terre des Lions. Selon la tradition,
chacun s'incline avec respect. Mufasa remarque
cependant que quelqu'un d'important n'est pas venu
à la cérémonie : **Scar, son propre frère !**

Précédé par le fidèle **Zazu, son conseiller,** le roi va à sa rencontre.

– Nous ne t'avons pas vu à la présentation, gronde-t-il.

– Oups, c'était aujourd'hui ? Désolé, j'ai oublié…, répond Scar avec hypocrisie.

Mufasa s'éloigne en soupirant. La jalousie de Scar semble s'accroître avec le temps.

Les mois passent et Simba grandit.
Un matin, son père le conduit au Rocher du Lion.

– Voici **notre royaume...** Apprends à le connaître
et à le protéger, car il t'appartiendra un jour.

– Même cette région toute sombre, là-bas ? demande Simba,
impressionné.

– Non. C'est un endroit très dangereux, tu ne dois jamais y aller !
répond le roi.

Mais, alors que le père et le fils redescendent, Zazu surgit à tire-d'aile !

– Sire, **les hyènes sont entrées sur la Terre des Lions !** prévient-il, affolé.

– Ramène Simba à la maison, j'y vais ! ordonne Mufasa.

– Papa ! Je veux t'accompagner ! proteste Simba, très déçu.

– Obéis-moi et suis Zazu ! gronde le roi avant de s'élancer vers la noire contrée.

Dès son retour, Simba trottine vers son oncle.

– Sais-tu pourquoi papa ne veut pas que j'aille derrière la colline ?

– Tu parles du cimetière des éléphants ? Seuls les lions les plus braves peuvent le traverser ! répond Scar.

Puis, certain que Simba va aussitôt vouloir **prouver son courage à son père,** il s'éloigne avec un sourire méchant.

Tout excité, le lionceau rejoint les lionnes et **son amie Nala.**

– Maman ? Est-ce que je peux emmener Nala faire un tour avec moi ?

– Si vous n'allez pas trop loin, d'accord, répond Sarabi. Mais je veux que Zazu vous accompagne.

« Oh non ! Zazu va tout gâcher… Comment lui échapper ? » songe Simba.

Un troupeau de zèbres au grand galop lui offre l'occasion qu'il espérait.

– Filons, Nala ! Je t'emmène visiter **le cimetière des éléphants !** lance-t-il.

Ravis, les lionceaux se mettent à courir entre les zèbres. Un instant plus tard, Zazu les perd de vue dans la poussière.

Enfin tranquilles ! Tout en jouant, les deux amis atteignent les collines.

– Youpi ! On est arrivés ! s'écrie Simba devant un crâne immense.

– Simba ! Nala ! Il faut partir, vite, **vous êtes en grand danger !** s'exclame tout à coup Zazu, qui les a retrouvés.

Bondissant de l'énorme tas d'os où elles étaient cachées, Banzaï, Ed et Shenzi, trois méchantes hyènes, marchent vers les lionceaux.

– Mais regardez-moi ça, si ce n'est pas un déjeuner appétissant ! ricane Shenzi.

Zazu tente de s'interposer mais il ne fait pas le poids face aux **hyènes affamées.**

Les deux petits filent se cacher entre les côtes d'un squelette. Mais les hyènes les encerclent et tout semble perdu… Heureusement, Mufasa surgit juste à temps !

– **On ne touche pas à mon fils !** rugit-il en chassant ses ennemies à coups de griffe.

Tandis que Zazu raccompagne Nala, Mufasa conduit Simba vers la prairie.

– Pardonne-moi, dit le lionceau penaud. Je voulais me montrer aussi courageux que toi.

– Il ne faut pas confondre courage et imprudence, Simba ! Mais tu apprendras. Et, parmi ces étoiles, **nos ancêtres seront toujours là pour te guider...** et moi aussi je serai là. N'oublie jamais ça.

Ce que Mufasa ignore, c'est que **Scar a passé un pacte avec les hyènes.** La nuit même, il se rend dans leur repaire.

– Vous avez échoué ! Vous ne méritez pas que je vous nourrisse ! dit-il en leur lançant un gros morceau de viande. Heureusement, j'ai un nouveau plan pour nous débarrasser de Mufasa et de Simba !

Le jour suivant, Scar s'approche de Simba.

– Viens avec moi, ton père a **une surprise** pour toi !

Sans crainte, le lionceau suit son oncle
et descend dans un ravin étroit.

– Ne bouge pas jusqu'à l'arrivée de Mufasa, d'accord ?

– D'accord ! répond Simba.

Resté seul, il remarque un gros nuage de poussière. Chassée par les hyènes, **une horde de gnous** s'est ruée dans le ravin, écrasant tout sur son passage ! Averti du danger par Scar, Mufasa bondit vers son fils, l'attrape et le dépose sur un rocher. Mais, alors qu'il essaye à son tour de se hisser à l'abri…

… Scar bondit devant lui.

– Longue vie au roi ! murmure-t-il à Mufasa, révélant sa jalousie et sa traîtrise.

Puis il **le repousse et le fait chuter au milieu des gnous !**

Désespéré, Simba, qui n'a pas vu le geste de son oncle, se précipite vers son père.

– C'est de ta faute, Simba, rugit Scar. Sans ton imprudence, Mufasa serait encore en vie... **Va-t'en, Simba ! Va-t'en, et ne reviens jamais !**

Le cœur brisé, le pauvre petit lion s'enfuit.

Scar donne alors aux hyènes l'ordre de le tuer. Rattrapé au bord d'une falaise, Simba n'a plus qu'une solution : plonger la tête la première dans une épaisse forêt d'épines...

– Si tu reviens, **nous te dévorerons !** hurlent ses ennemies, bien trop peureuses pour l'imiter.

Certain de la mort de Simba,
Scar monte sur le Rocher du Lion.

– Mufasa a péri en voulant sauver son fils, annonce-t-il.
C'est donc le cœur lourd que, **ce soir, je deviens votre roi !**

Sur ces paroles, les hyènes envahissent peu à peu
la Terre des Lions.

Mais Simba n'est pas mort ! **Épuisé par sa course,** il chemine en boitant jusqu'au désert qui marque la frontière avec la Terre des Lions. Là, il s'évanouit, tandis que les vautours se rapprochent de lui en tournoyant…

Lorsqu'il rouvre les yeux, **deux curieux personnages** l'observent avec attention.

– Ça va, bonhomme ? demande Timon la mangouste.

– Nous t'avons trouvé dans le désert et nous t'avons sauvé ! explique Pumbaa le phacochère.

– Merci…, marmonne Simba en se redressant.

Ne sachant où aller, il accepte de s'installer **dans la jungle** avec ses deux nouveaux amis. Cependant, question nourriture, il va devoir leur expliquer certaines choses... ou s'adapter ! Timon et Pumbaa lui apprennent à vivre sans se soucier des règles et des responsabilités.

Hakuna Matana !

Entre les jeux, les rires et les repas, le temps passe vite. Un soir, Simba, qui a beaucoup grandi, **contemple le ciel** et chuchote à Timon et à Pumbaa :

– Autrefois, on m'a dit que tous les rois défunts de ma Terre vivaient dans les étoiles et qu'ils nous observaient...

– Qui t'a raconté des bêtises pareilles ? s'écrient Timon et Pumbaa en éclatant de rire.

Simba, qui pensait à son père, garde le silence.

Le lendemain, un appel au secours alerte le jeune lion. Coincé sous la racine d'un arbre, le pauvre Pumbaa est sur le point de se faire dévorer par **une lionne affamée !**

D'un bond puissant, Simba se jette au-devant de l'inconnue.

Tout étonnée, la lionne recule.

– Simba ? C'est toi ? demande-t-elle. **C'est moi, Nala !**

– Nala ? Quelle joie de te revoir !

– Mais que fais-tu ici ? Chez nous, tout le monde te croit mort !

– Quelle importance…, soupire Simba.

– Quelle importance ? Tu es en vie ! C'est toi le roi, pas Scar !

– Quoi ? Tu es roi ? s'étonne Timon.

Bien que Simba et Nala soient heureux de se retrouver, la lionne raconte **la désolation** dans laquelle se trouve la Terre des Lions depuis l'arrivée des hyènes.

– Je ne peux pas rentrer, répond Simba.

– Tu n'es plus le Simba que j'ai connu..., s'étonne Nala.

– Sans doute. Mais tu ne sais pas ce que j'ai enduré ! proteste Simba en s'éloignant.

Afin de se calmer, le jeune lion s'éloigne pour contempler le ciel étoilé. Soudain, un chant résonne dans la jungle et **un vieux singe** vient à sa rencontre.

– Qui êtes-vous ? demande Simba, surpris.

– La question est plutôt : Qui es-tu, toi ? répond le singe.

– Je m'appelle Rafiki et je connais ton père, poursuit le vieux sage.

– Mon père est mort..., proteste Simba.

À cet instant, il voit apparaître l'image de Mufasa dans les étoiles !

– Rappelle-toi, Simba ! dit le roi. Ta place n'est pas ici !
Tu es le seul héritier de la Terre des Lions !

Simba décide de retourner sur la Terre des Lions avec Nala, Timon et Pumbaa. En contemplant **la terre de ses ancêtres ravagée par la sécheresse,** Simba est horrifié.

Il se prépare à affronter Scar, et ses amis lui assurent leur soutien.

– Nous serons à tes côtés jusqu'au bout, Simba, lui promet Timon.

Ce jour-là, **Sarabi affronte Scar.**

– Nous n'avons plus rien à manger. Il faut quitter la Terre des Lions !

– C'est moi qui commande. Nous n'irons nulle part ! grogne Scar.

Un formidable rugissement le fige net.

– **Mufasa ?** C'est toi ? Ce n'est pas possible, tu es mort ! gémit-il, terrifié.

– Simba ! Tu es en vie ! s'écrie Sarabi qui a reconnu son fils.

Aussitôt, les hyènes encerclent Simba, l'obligent à reculer et le font glisser. Et, pendant qu'il tente de se rétablir, Scar s'approche, fou de rage.

– Ce regard m'est familier, ricane-t-il. Écoute mon petit secret :
c'est moi qui ai tué Mufasa !

Dès qu'il apprend la vérité sur la mort de son père,
Simba retrouve des forces, remonte sur le roc
et **affronte son oncle.**

Soudain, un brutal coup de foudre embrase l'herbe sèche
de la savane, et les flammes progressent tout autour d'eux.

Durant la bataille, Simba et Scar se dirigent jusqu'en haut du Rocher du Lion. Scar semble enfin se soumettre, mais il se retourne et essaie à nouveau de l'attaquer. Alors, d'un puissant coup de patte, Simba le précipite dans le vide…

La pluie commence à tomber quand le **rugissement triomphal** de Simba retentit sur tout le territoire. Bientôt, gouvernée par ce roi sage et valeureux, la Terre des Lions retrouve sa verdure, ses points d'eau et son abondance. Alors, des quatre coins de la savane, les troupeaux reviennent.

Et un beau jour, la paix revenue, tous se rassemblent
pour célébrer la naissance d'un enfant de sang royal,
**le premier-né du roi Simba et
de la reine Nala !**